***ACCESO GRATIS** a la Lectura en la Nube*

Para visualizar el libro electrónico en la nube de lecture envíe junto a su nombre y apellidos una fotografía del código de barras situado en la contraportada del libro y otra del ticket de compra a la dirección:

AF606129

ebooktirant@tirant.com

En un máximo de 72 horas laborales le enviaremos el código de acceso con sus instrucciones.

MANUAL BÁSICO DE REDACCIÓN PARA SERVIDORES JUDICIALES

MANUAL BÁSICO DE REDACCIÓN PARA SERVIDORES JUDICIALES

JUAN CARLOS ABREU Y ABREU

tirant lo blanch
Ciudad de México, 2023

En caso de erratas y actualizaciones, la Editorial Tirant lo Blanch publicará la pertinente corrección en la página web tirant.com/mx.

Este libro será publicado y distribuido internacionalmente en todos los países donde la Editorial Tirant lo Blanch esté presente.

Esta obra pertenece a la Colección Editorial Rumbo al Bicentenario. Centro de Investigaciones Judiciales de la Escuela Judicial del Estado de México. Calle Leona Vicario núm. 301, Col. Santa Clara C.P. 50090, Toluca, Estado de México, Tel. (722) 167 9200, Extensiones: 16821, 16822, 16804. Página web: http://www.pjedomex.gob.mx/ejem/

Agradecemos el invaluable aporte de la licenciada Ángeles Sofía Esquer Portilo en el desarrollo de esta obra.

Centro de Investigaciones Judiciales de la Escuela Judicial del Estado de México

Calle Leona Vicario núm. 301, Col. Santa Clara
C.P. 50090, Toluca, Estado de México
Tel. (722) 167 9200, Extensiones: 16822, 16804, 15196 y 15178.
Página web: http://www.pjedomex.gob.mx/ejem/

Editor responsable:

Juan Carlos Abreu y Abreu
Director del Centro de Investigaciones Judiciales

Editora ejecutiva:

María Fernanda Chávez Vilchis

Equipo Editorial:

Orlando Aramis Aragón Sánchez
Víctor Aguilar Malagón
Jessica Flores Hernández

© TIRANT LO BLANCH
DISTRIBUYE: TIRANT LO BLANCH MÉXICO
Av. Tamaulipas 150, Oficina 502
Hipódromo, Cuauhtémoc,
C.P. 06100, Ciudad de México
Telf: +52 1 55 65502317
infomex@tirant.com
www.tirant.com/mex/
www.tirant.es
ISBN: 978-84-1197-166-9
MAQUETA: Innovatext

Si tiene alguna queja o sugerencia, envíenos un mail a: atencioncliente@tirant.com. En caso de no ser atendida su sugerencia, por favor, lea en www.tirant.net/index.php/empresa/politicas-de-empresa nuestro Procedimiento de quejas.

Responsabilidad Social Corporativa: http://www.tirant.net/Docs/RSCTirant.pdf

Índice

Capítulo III

REDACCIÓN DE SENTENCIAS

Capítulo IV

ELABORACIÓN DE REFERENCIAS

Capítulo V

ASPECTOS DE FORMA

PRESENTACIÓN

En el ámbito jurídico, la constante elaboración de documentos que son utilizados para ejercitar un derecho o el cumplir de un deber, exige disciplina en el manejo de las reglas de expresión escrita. En ese contexto, el cuidado en la elaboración de escritos resulta indispensable.

Para dar respuesta a esta necesidad, el Poder Judicial del Estado de México ha impulsado la elaboración del presente *Manual básico de redacción para servidores judiciales*, que tiene por objeto proporcionar a los operadores jurídicos y a la sociedad en general, las herramientas necesarias para homologar, enriquecer y mejorar la producción de documentos de índole jurídica.

Así, el contenido de este manual aborda de forma clara y precisa la acentuación, la puntuación, el uso de las mayúsculas, las reglas de redacción judicial, la elaboración y estructuración de párrafos, la citación y las referencias, entre otros temas. Las recomendaciones de estas páginas permitirán establecer las bases para homogeneizar el uso escrito del lenguaje, las citas de las fuentes y el formato de los escritos.

Teniendo esto en mente, este libro pretende impulsar y promover la existencia de un sistema judicial más eficiente a través de la redacción clara y precisa, es decir, de la redacción de documentos sin ambigüedades, sin confusiones en su contenido y sin ideas difíciles de comprender. Esto resulta esencial para garantizar la claridad, coherencia y precisión en la comunicación escrita en el ámbito jurídico.

Finalmente, se espera que este manual sirva de guía para mantener y crear buenas prácticas en el cumplimiento de las funciones que a cada operador corresponden.

Ricardo Alfredo Sodi Cuellar
Magistrado Presidente del Tribunal Superior de Justicia y del Consejo de la Judicatura del Estado de México

Capítulo I

Cuestiones preliminares

1. REDACCIÓN

La expresión escrita desempeña un papel fundamental para el profesional del Derecho, puesto que es el medio de comunicación más efectivo entre las autoridades, el interesado —el justiciable, las partes— y la sociedad. Así pues, la redacción de cualquier documento jurídico requiere cuidado en el uso del lenguaje y debe tomar en consideración el público al que va dirigido.

Dicho esto, resulta posible identificar dos partes esenciales del texto:

1) Fondo. Se califica en función el tipo de texto que se redacte. En las resoluciones, el fondo hace referencia al adecuado tratamiento del tema, la congruencia, la profundidad y la exhaustividad, así como a la propiedad en el empleo de conceptos, la veracidad de las afirmaciones, la ausencia de contradicciones y la exactitud de las definiciones.

2) Forma. Se refiere a la parte externa del documento, es decir, a la macroestructura, el formato, la sintaxis, la gramática, la ortografía y el léxico.

2. COMUNICACIÓN

La relación entre la autoridad jurisdiccional y las partes en un proceso es, en esencia, lo que se conoce como un acto comunicativo en el que existe un mensaje, un emisor, un canal, un código y un receptor.

Cuadro 1. Proceso de comunicación

Proceso de comunicación escrita

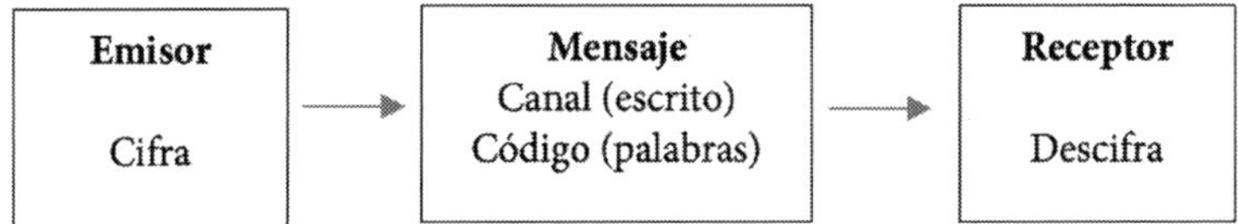

En este sentido, el emisor se encuentra representado por el juez o tribunal que, con base en la ley, tiene competencia para conocer de ciertos asuntos sometidos a su consideración, por lo que en la redacción de sus documentos debe ser cuidadoso con el uso de tecnicismos y priorizar la utilización de un lenguaje coloquial. Esto permitirá que la comprensión de los escritos sea más fácil.

Por su parte, el receptor en el acto comunicativo se encuentra representado por las partes de un proceso, que serán las que descifren el contenido del texto emitido por la autoridad competente.

El canal lo constituye el medio —electrónico o impreso— en el que se plasman todos los documentos (diligencias o actuaciones) que integran el expediente.

Finalmente, el código que se emplea en las resoluciones es un lenguaje que forma parte del español jurídico. Su propósito es narrar y describir hechos, así como suministrar argumentos para concluir con una decisión que se ajusta o no a una petición.

3. MÉTODOS DE ESCRITURA

El proceso de comunicación efectiva puede traducirse en el hecho de que el operador jurídico logre elaborar textos que comuniquen con brevedad y claridad argumentativa la respuesta que plantea para cada situación en concreto.

En el momento de escribir, es posible identificar dos métodos que sirven para planear o estructurar el contenido de un escrito:

1) Método lineal. Permite al operador establecer una lista de temas considerados relevantes que deben guiar el contenido del escrito.

2) Método no lineal. Se emplea para desarrollar los temas que mejor representan la solución de la controversia. Una vez que estos hayan sido seleccionados, el operador debe establecer las razones que lo llevaron a decidir que esos (y no otros temas) eran los mejores para defender el planteamiento de la *litis* haciendo uso de palabras clave.

No obstante, los modelos de escritura son distintos (aunque sucesivos) en atención al tipo de documento que se pretenda redactar.

Cuadro 2. Métodos de escritura

Oficios y circulares
En el caso de oficios y circulares se debe colocar en la esquina superior derecha de la página inicial por debajo de la fecha del documento, la leyenda siguiente:

Toluca, estado de México; a 12 de febrero de 2023
ASUNTO: SOLICITUD DE…

Resolución judicial:
En el caso de una resolución judicial esto se traduce en fijar la *litis*:

PROCEDIMIENTO DE RESPONSABILIDAD ADMINISTRATIVA:
NÚMERO:
SERVIDORES PÚBLICOS INVOLUCRADOS:

Toluca, estado de México a doce de febrero de dos mil veintitrés.
VISTOS: para emitir resolución definitiva en el procedimiento de responsabilidad administrativa …y

RESULTANDO
PRIMERO: Inicio de la investigación…

Criterios jurídicos
En el caso de criterios jurídicos, el tema del que trata su contenido debe estar sintetizado en el rubro:

RUBRO: AMONESTACIÓN: SU NATURALEZA, FINALIDAD Y ALCANCE CONFORME A LOS ARTÍCULOS 22 Y 55 DEL CÓDIGO PENAL PARA EL ESTADO DE MÉXICO.

Capítulo II

Ortografía

1. ACENTO GRÁFICO O TILDE

La tilde es un signo ortográfico auxiliar regido por una serie de reglas que prescriben cómo debe utilizarse, es decir, que identifican de forma precisa si se escribe y dónde debe colocarse.

En español, se representa con una raya oblicua que desciende de derecha a izquierda (´) y que, colocada sobre una vocal, indica que la sílaba, de la que dicha vocal forma parte, es tónica. No obstante, no todas las palabras tónicas se escriben con una tilde sobre su sílaba tónica.

Las clases de palabras según la posición de la sílaba tónica son las siguientes.

Cuadro 3. Posición de sílaba tónica

Tipo de palabra	Posición de la sílaba tónica	Ejemplos
Agudas	Última	Razón (ra-zón)
Graves	Penúltima	Referéndum (re-fe-rén-dum)
Esdrújulas	Antepenúltima	Explícito (ex-plí-ci-to)
Sobresdrújulas	Anterior a la antepenúltima	Únicamente (ú-ni-ca-men-te)

A. *Reglas generales de acentuación*

Atendiendo lo establecido por la Real Academia Española, el siguiente cuadro sirve para explicar de forma clara y breve las reglas generales de acentuación.

Cuadro 4. Reglas de acentuación

Tipo de palabra	Reglas	Ejemplo
Monosílabas	1) Las palabras de una sola sílaba no se acentúan nunca gráficamente. 2) Las palabras de una sola sílaba pueden acentuarse con tilde diacrítica, atendiendo el sentido que tenga en la oración.	1) Dio, fe, mal, mes, bien. 2) Tú - tu, dé - de, sí - si, más, mas.
Polisílabas	Las reglas se aplican en función de si son: 1) Agudas. Llevan tilde en la sílaba tónica cuando terminan en *n* o *s* no precedidas de otra consonante, o en a, e, i, o, u. 2) Graves. Llevan tilde cuando terminan en consonante distinta de *n* o *s*, o bien, cuando terminan en *s* precedida de consonante. Nota. Voces como joven, margen, imagen o examen no llevan tilde porque son palabras llanas terminadas en *n*. Sí la llevan, por ser palabras esdrújulas, sus plurales: jóvenes, márgenes, imágenes, exámenes. 3) Esdrújulas y sobresdrújulas. Todas las palabras se escriben siempre con tilde en la sílaba tónica.	1) razón, resolución, revisó, valoró. 2) Tórax, cadáver, frágil, cárcel, récords. 3) Código, único, ilícito, hipótesis.

Tipo de palabra	Reglas	Ejemplo
Diptongos	1) En diptongos formados por una vocal abierta (/a/, /e/, /o/) seguida o precedida de una vocal cerrada, la tilde se escribe sobre la vocal abierta. 2) En los diptongos formados por dos vocales cerradas distintas (/i/, /u/), la tilde se coloca sobre la segunda vocal.	1) Acción. 2) Veintiún.
Triptongos	Cuando la sílaba tónica de una palabra contiene un triptongo (formado por una vocal cerrada, una abierta y una cerrada), la tilde se coloca siempre sobre la vocal abierta.	Apreciáis.
Hiatos	1) Las palabras con hiato compuesto por una vocal cerrada, seguida de una vocal abierta, siempre llevan tilde en la vocal cerrada. 2) Las palabras con hiato compuesto por una vocal abierta átona seguido de una vocal cerrada tónica, la vocal cerrada siempre lleva tilde. 3) Las palabras que incluyen cualquier otro tipo de hiato, se someten a las reglas generales de acentuación.	1) Sería. 2) Oír. 3) Rehén.

B. Acentuación de extranjerismos y latinismos

A través del tiempo, se han incorporado numerosas voces extranjeras al léxico del español, y han experimentado variaciones formales orientadas a adaptarse al sistema de reglas ortográficas y de acentuación de nuestra lengua.

En este sentido, la adaptación de los extranjerismos se realiza acomodando la expresión gráfica original de la palabra a la pronunciación de esas voces en español. Se siguen, así, las reglas ortográficas y de acentuación del español a fin de lograr una similitud en la expresión gráfica que tienen en su lengua de origen: gánster (del inglés, *gangster*) o máster (del inglés *master*).

En algunas ocasiones, el extranjerismo no plantea ningún problema de inadecuación entre la expresión gráfica y la pronunciación de acuerdo con la ortografía del español, y se incorpora a nuestra lengua con la misma expresión gráfica que tiene en el idioma de origen, por ejemplo: «box», «kit» o «set». Es decir, se trata de voces tomadas del inglés que en español se pronuncian tal como se escriben.

No obstante, cuando la adaptación del extranjerismo no es posible, debe respetarse la norma general de escribir los extranjerismos con la marca gráfica que indica su condición de tales, que es preferentemente la cursiva o, como segunda opción, las comillas.

Por su parte, cuando se trata del uso de latinismos, estos deben escribirse con su expresión gráfica originaria y sin añadir signos ajenos al sistema latino de escritura, esto es, sin tildes, toda vez que el latín carece de ellas. Por lo tanto, para ser diferenciadas del resto del texto en el que se plasmen, deben marcarse gráficamente a través de la cursiva o las comillas.

C. Tilde diacrítica

La tilde diacrítica es aquella que permite distinguir palabras que pertenecen a distintas categorías gramaticales y que tienen idéntica forma.

Afecta especialmente a palabras monosílabas, por lo que, en el cuadro que aparece a continuación, se exponen de forma breve los monosílabos que deben escribirse con tilde diacrítica.

Cuadro 5. Tilde diacrítica

Monosílabo con tilde	Monosílabo sin tilde
Tú: pronombre personal Tú eres el abogado de la parte actora.	Tu: posesivo La demanda debe contener tu nombre y domicilio.
Él: pronombre personal Todo acusado se tendrá como inocente mientras no se compruebe que se cometió el delito que se le imputa y que él lo perpetró.	El: artículo Resulta indispensable precisar que no es posible ejecutar el análisis exactamente en los términos propuestos por el accionante.
Mí: pronombre personal Notificaron a todos menos a mí.	Mi: posesivo Mi escrito de recusación fue desechado.
Sí: pronombre personal El acusado se reservó la información para sí mismo. Sí: adverbio de afirmación En el tercero de los fines sí es posible encontrar un fin constitucionalmente legítimo.	Si: conjunción Se afirmó que la pregunta que planteaba el asunto era si el Estado se encuentra obligado o encuentra un mandato para penalizar una conducta específica, y no si la penalización de una conducta particular afecta o vulnera derechos constitucionales.
Dé: del verbo dar No basta la prestación de un servicio personal y directo de una persona a otra para que se dé la relación laboral.	De: preposición Este Tribunal es competente para resolver la presente acción de inconstitucionalidad, de conformidad con lo dispuesto por los artículos…
Té: sustantivo El señor posee una plantación de té.	Te: pronombre Te arrepentirás de no confesar los hechos.

Monosílabo con tilde	Monosílabo sin tilde
Sé: del verbo saber o ser Sé respetuoso al momento de dirigirte al juez. No sé cuál es el plazo para interponer recurso de revocación.	Se: pronombre Se le suspenderá de dos a seis años en el ejercicio de su profesión. En relación con el contenido del derecho que se estima violentado, este Alto Tribunal ha sido categórico en sostener que…
Más: adverbio Mencione si arribó más de un elemento policial al lugar de la detención. Es uno de los fenómenos que de forma más contundente revelan que el derecho penal es efectivo en la prevención de los delitos.	Mas: conjunción adversativa equivalente a *pero.* Los oficiales le creyeron, mas no fue suficiente para dejarlo en libertad.

Aunado a lo anterior, la tilde diacrítica también es utilizada en las palabras tónicas *qué, cuál, quién, cómo, cuán, cuánto, cuándo, y dónde,* para diferenciarlas de sus homónimas átonas *que, cual, quien, como, cuan, cuanto, cuando y donde.*

Siguiendo las reglas de acentuación, las palabras: qué, cuál/es, quién/es, cómo, cuán, cuánto/á/os/as, cuándo y dónde; se escriben con tilde cuando pertenecen a la clase de los interrogativos y exclamativos, llamados así por su capacidad de encabezar estructuras de sentido interrogativo o exclamativo.

Pueden referirse a cosas (qué, cuál), a personas (quién, cuál, qué), a lugares (dónde, adónde), a maneras (cómo), a tiempos (cuándo) o a cantidades (cuán, cuánto).

> Ejemplos:
>
> ¿Qué elementos deben considerarse para determinar el monto líquido de la indemnización?

> La perspectiva de género permite detectar, en el caso concreto, cuándo un trato diferenciado es ilegítimo y cuándo es necesario.

Por su parte, las palabras: que, cual/es, quien/es, como, cuan, cuanto/a/os/as, cuando, y donde, que son normalmente átonas, deben escribirse sin tilde cuando introducen oraciones subordinadas de relativo, con antecedente expreso o sin él.

> Ejemplos:
>
> Previo a la exposición de las razones correspondientes, conviene hacer las siguientes precisiones en cuanto al tema central de la impugnación.
>
> El derecho a decidir, funge como instrumento para ejercer el libre desarrollo de la personalidad.

En adición a los distintos usos de la tilde diacrítica, también se hace mención de su uso tratándose de las palabras: sólo, solo, aún y aun.

La *Ortografía* RAE (2010) suprimió la tilde diacrítica de la palabra «solo» en función de adverbio, así como las diacríticas de los demostrativos «este», «ese» y «aquel» —y sus femeninos y plurales— en función de pronombre. Estas y otras decisiones generaron mucha controversia. Recientemente, en el Pleno del 2 de marzo de 2023, la Real Academia de la Lengua acordó dar una nueva redacción de la norma sobre las tildes diacríticas que fueron suprimidas en la *Ortografía* de 2010. La nueva redacción, publicada *Diccionario panhispánico de dudas* (DPD) añade una frase que deja «a juicio del que escribe» la posibilidad de tildar esas palabras en caso de ambigüedad.

> Ejemplos:
>
> Adverbio: [solo, sólo, en caso de ambigüedad] conocía a la víctima porque eran vecinos.
>
> Adjetivo: el inculpado estaba solo.

La palabra «aun», debe llevar tilde cuando puede sustituirse por «*todavía*», con valor temporal (denotando continuidad o persistencia) y con valor ponderativo (denotando comparación). Y no debe llevar tilde cuando se utiliza con el mismo sentido que «hasta», «incluso», «también» o tiene valor concesivo y es utilizada con el mismo sentido que «cuando» y «a pesar de».

> Ejemplos:
>
> Aun cuando no se traduce en una afectación directa...
>
> Regular el derecho de visitas y convivencias, tiene como fin que no se agrave aún más la situación de convivencia derivada de conflictos y enfrentamientos familiares...

2. USO DE MAYÚSCULAS

La función básica y principal de las mayúsculas es la delimitación de determinadas oraciones o fragmentos del discurso. No obstante, su uso se encuentra sujeto al cambio y evolución.

En el actual sistema ortográfico del español, se advierten de forma clara y sencilla las diversas funciones asociadas a la mayúscula, así como las condiciones que rigen su empleo en cada caso.

A. *Mayúscula inicial*

El uso de la mayúscula inicial debe utilizarse de forma obligatoria en los siguientes supuestos:

1. La primera palabra de un escrito o la que aparece después de un punto.

> Ejemplo:
>
> El escrito presentado en veintidós de enero de dos mil veintitrés...

2. La primera palabra de un escrito o la que aparece después de una palabra que sigue a los puntos suspensivos, cuando estos coinciden con el cierre de un enunciado.

   Ejemplo:

   En el juicio de amparo las promociones deberán hacerse por escrito... Es optativo para el promovente presentar su escrito en forma impresa o electrónica.

3. La palabra que le sigue a un signo de interrogación o exclamación si no se interpone coma, punto y coma o dos puntos.

   Ejemplo:

   De acuerdo con los hechos de los que se tiene conocimiento, debe responderse: ¿Quién? ¿Qué? ¿Cómo? ¿Cuándo? ¿Dónde?

4. La palabra que va después de dos puntos, cuando forma el encabezado de una carta.

   Ejemplo:

   Presidente:

   Por medio del presente escrito me remito…

5. La palabra que va después de dos puntos, cuando se realiza una cita textual.

   Ejemplo:

   Que a la letra dice: «La autonomía alude, precisamente [...]».

6. La palabra que va después de dos puntos, cuando se escribe después de un verbo fundamental en un texto jurídico.

   Ejemplo:

   CERTIFICA: Que el escrito fue presentado...

7. La palabra que va después de dos puntos, cuando el texto explicativo que los sigue comienza en la misma línea.

   Ejemplo:

   Juicio de amparo: Protege a las personas frente a normas generales...

B. Mayúscula para marcar nombres propios y expresiones denominativas

Debe escribirse con letra inicial mayúscula todo nombre propio y en diversas expresiones denominativas en función del tipo de referente que designan cada caso:

a) Nombre y apellidos

El nombre completo de una persona, incluidos sus apellidos, deben escribirse siempre con mayúscula inicial. En el caso de que el apellido comience con una preposición, o con una preposición y un artículo, estos se escribirán con minúscula cuando acompañen al nombre de pila.

Ejemplo:

VISTOS para resolver, los autos del juicio... promovido por Silvia Sofía de la Torre contra la sentencia definitiva.

b) Apodos y alias

Los apodos y alias son denominaciones de carácter descriptivo que se estructuran tomando en consideración algún rasgo o condición de la persona a la que nombran. Se escriben siempre con mayúscula inicial y habitualmente precedidos de artículo.

Ejemplo:

Karla N, la Bonita; Sandro N, el Buey; Carlos N, alias el Chino.

c) Tratamientos

Los tratamientos son apelativos empleados para referirse a una persona en función de su cargo, dignidad, jerarquía o titulación académica y deben escribirse con minúscula, toda vez que se trata de adjetivos o nombres comunes. Cuando se trate de abreviaturas o cuando su uso sea protocolario, deben escribirse con mayúscula.

Ejemplo:

La suscrita juez advierte que la quejosa...

La recepción a Su Santidad será en...

Dra., Lic., Sr., Ud.

d) Títulos y cargos

Los sustantivos que designan títulos nobiliarios, dignidades y cargos o empleos de cualquier rango deben escribirse con minúscula inicial por su condición de nombres comunes.

Por el contrario, cuando el nombre del cargo y el de la institución coinciden, el cargo debe escribirse con minúsculas, y la institución con mayúscula.

Ejemplo:

El presidente de la república.

Se reformó el reglamento interior del Tribunal Superior de Justicia.

e) Continentes, países y ciudades

Los nombres propios de continentes, países, ciudades y localidades deben escribirse con mayúscula inicial.

Ejemplo:

América, Europa, África, México, Buenos Aires.

f) Organismos, instituciones, departamentos y asociaciones

Deben escribirse con mayúscula inicial todas las entidades, instituciones, organismos, departamentos o divisiones administrativas, unidades militares, partidos políticos, organizaciones, siempre y cuando se mencione su nombre completo.

Ejemplos:

Poder Judicial del Estado de México.

Primera Sala Civil de Toluca.

Suprema Corte de Justicia de la Nación.

g) Poderes del Estado

Cuando se hace mención a las facultades de los distintos poderes del Estado de forma genérica, deben escribirse con minúscula. Solo en el caso excepcional de que se refieran específicamente a los órganos del Estado en que descansan deben escribirse con mayúscula.

Ejemplos:

El Poder Judicial notificó…

El poder ejecutivo es el encargado de…

h) Leyes y documentos oficiales e históricos

Deben escribirse con mayúscula inicial todos los elementos sustantivos o adjetivos que forman parte del título de documentos oficiales o históricos, entre ellos tratados, convenciones, acuerdos, declaraciones, o leyes. Asimismo, la mayúscula se utilizará en el primer elemento de un título demasiado extenso.

Ejemplos:

Código Civil del Estado de México

Ley Orgánica del Poder Judicial del Estado de México

Acuerdo 11/2019

C. Mayúscula para favorecer la legibilidad

Las palabras o segmentos pueden escribirse enteramente en mayúsculas con el fin de homogeneizar los textos jurídicos. Esta práctica es admisible en los casos que se exponen a continuación.

a) Títulos

Las palabras o frases que aparecen en las cubiertas y portadas de los libros y documentos, en su versión impresa o electrónica.

Ejemplo:

MANUAL DE BÁSICO REDACCIÓN PARA SERVIDORES JUDICIALES

b) Documentos legales

El verbo o verbos que presentan el objetivo fundamental del documento, así como las palabras que señalan el orden de estos y de los puntos resolutivos pueden escribirse en mayúscula. Lo mismo en el caso de los términos con los que se alude de forma breve y repetida a las diversas partes citadas como intervinientes en documentos de carácter jurídico o administrativo.

> Ejemplos:
>
> VISTOS para resolver...
>
> RESULTANDO
>
> PRIMERO. Por escrito presentado el...

c) Jurisprudencia

En el rubro que identifica el tema plasmado en la tesis, jurisprudencia o precedentes.

> Ejemplo:
>
> RUBRO: MEDIDAS DE PROTECCIÓN EN MATERIA FAMILIAR. EL JUEZ PUEDE ORDENAR A LAS PARTES ACUDIR AL PROCESO RESTAURATIVO CUANDO SE ALEGA LA EXISTENCIA DE VIOLENCIA FAMILIAR, AUNQUE ÉSTA NO SE ACREDITE, SI ELLO PATENTIZA LA POSIBILIDAD DE SU EXISTENCIA O SURGIMIENTO.

3. SIGNOS DE PUNTUACIÓN

Los signos de puntuación son las marcas o delimitadores ortográficos que aportan sentido y claridad al texto. Cuando se trata de textos jurídicos, es importante el uso adecuado de estos signos para evitar las posibles ambigüedades generadas por una mala puntuación y que puedan dar lugar a diversas interpretaciones.

Por lo tanto, los signos de puntuación deben utilizarse de acuerdo con los siguientes criterios:

1. Para indicar los límites de las unidades lingüísticas.

2. Para indicar la modalidad de los enunciados.
3. Para indicar la omisión de una parte del enunciado.

El español conoce los siguientes signos:

Cuadro 6. Signos de puntuación

Punto (.)	Comillas (“ ”)
Coma (,)	Paréntesis ( )
Punto y coma (;)	Corchetes ([ ])
Dos puntos (:)	Raya (—)
Puntos suspensivos (...)	Guion (-)

A. El punto

La función principal del punto es señalar gráficamente la pausa que marca el final de un enunciado, de un párrafo o de un texto, siempre que no sea interrogativo o exclamativo. Se escribe sin separación de la palabra que lo precede y separado por un espacio de la palabra o el signo que lo sigue.

Según su posición en el texto, recibe distintas denominaciones.

1. Punto final: Como su nombre lo indica, se escribe al final de un escrito o de una división importante que termina el contenido del texto. Su uso implica que las ideas y argumentos han sido desarrollados de forma eficiente.
2. Punto y seguido: Es el que separa los enunciados que integran un párrafo. Después del punto y seguido, la oración se inicia con mayúscula, de esta

forma, se logra componer un texto con oraciones bien estructuradas y precisas.

3. Punto y aparte: Es el que separa dos párrafos distintos, que suelen desarrollar, dentro de la unidad del texto, ideas o contenidos diferentes. La primera línea de cada párrafo debe tener un margen mayor que el resto de las líneas que lo componen.

a) Usos correctos e incorrectos del punto

Cuadro 7. Usos del punto

Usos correctos	Usos incorrectos
El punto se escribe después del uso de comillas, paréntesis o rayas de cierre. «Artículo 60. (...) En materia electoral, para el cómputo de los plazos, todos los días son hábiles» (.)	Uso del punto tras uso de puntos suspensivos. «Cometió todo tipo de delitos: robo, fraude, abuso de confianza...(.) No obstante, tiene derecho a un abogado».
El punto se escribe si, tras los signos de interrogación, hay paréntesis o comillas de cierre. (¿Se encontraba solo?) (.)	Uso del punto tras los signos de interrogación. ¿Se encontraba solo?(.)
El punto se escribe para separar los subdominios de las direcciones de correo y páginas electrónicas. dirección(.)investigación@pjedomex(.)gob(.)mx	Uso del punto al final de títulos o subtítulos de libros, artículos o cuando aparecen aislados en su renglón. CÓDIGO CIVIL DEL ESTADO DE MÉXICO(.)

B. La coma

El uso de la coma permite que un texto pueda ser leído e interpretado de forma correcta. Se escribe pegada a la palabra o el signo que la precede y se separa por un espacio de la palabra o el signo que la sigue, por lo que indica una pausa breve dentro del enunciado.

a) Usos de la coma

Cuadro 8. Usos de la coma

Usos	Ejemplos
La coma se usa para numerar elementos cuando se escogen solo algunos. Se coloca al principio, en medio o al final de la oración para separarlos. Y las enumeraciones finalizan con etcétera, con puntos suspensivos o simplemente con punto.	La ley reconoce como medios de prueba: documentos públicos(,) confesión(,) dictámenes periciales(,) testigos…
La coma se usa para enumerar elementos cuando la enumeración es completa o exhaustiva. El último elemento va introducido por una conjunción (y, e, o, u, ni), antes de la cual no debe escribirse coma.	Presentación del escrito inicial(,) norma impugnada(,) autoridades emisora y promulgadora y conceptos de invalidez.
La coma se usa para delimitar incisos, que pueden ser comentarios, explicaciones o precisiones sobre algo expuesto en el enunciado. Se coloca una coma al inicio y otra al final.	Por decreto cuatrocientos treinta y siete(,) publicado el tres de mayo de dos mil doce en la *Gaceta de Gobierno*(,) se reformó(,) entre otros(,) el artículo 88 BIS de la Constitución Política del Estado Libre y Soberano de México.
Se utiliza para delimitar incisos que pueden ser sobrenombres o seudónimos mencionados tras el nombre real.	Ángel N(,) el Alcatraz; Sonia N(,) la Patrona; José N(,) el Nerito.

Usos	Ejemplos
Se utiliza para separar el sujeto de los complementos verbales cuando el verbo está suprimido porque ha sido mencionado con anterioridad o se sobrentiende.	La primera excepción resultó improcedente; la segunda(,) infundada. El valor del proceso de gestación; para su determinación(,) el legislador puede acudir a la información científica disponible.
La coma se coloca antes de las conjunciones o locuciones conjuntivas que unen oraciones coordinadas adversativas introducidas por: pero, mas, aunque, sino que.	Las excusas absolutorias no relevan al sujeto activo de su responsabilidad en la comisión de la conducta típica(,) sino que determinan su impunibilidad.
La coma se coloca antes de las conjunciones o locuciones conjuntivas que unen oraciones consecutivas introducidas por: así que, de manera que, de modo que, pues.	Los derechos personales deben entenderse como derechos derivados del reconocimiento al derecho a la dignidad humana(,) pues solo a través de su pleno respeto podrá hablarse de un ser humano en toda su dignidad.
La coma se coloca antes de las conjunciones o locuciones conjuntivas que unen oraciones enlazadas por conjunciones como: excepto, incluso, salvo y menos.	Los actos ejecutados contra el tenor de las leyes prohibitivas o de interés público serán nulos(,) excepto en los casos en que la ley ordene lo contrario. Deben tenerse por ciertas las afirmaciones de la contraparte(,) salvo prueba en contrario.
La coma se coloca antes de las conjunciones o locuciones conjuntivas que unen oraciones causales lógicas o explicativas.	La vida es un derecho esencial y troncal(,) pues sin su existencia no tiene cabida ningún otro derecho.
La coma se coloca detrás de locuciones de valor introductorio del tipo: en cuanto a, respecto de, en relación con, con referencia a, entre otros.	En cuanto al tema central de la impugnación(,) conviene precisar el contexto de la decisión y el método que será empleado para apreciar el caso.

Cabe precisar que, por regla general, la coma no debe escribirse delante de la conjunción *que* cuando tiene sentido consecutivo.

C. El punto y coma

El uso del punto y coma en una oración indica que debe realizarse una pausa mayor que la marcada por la coma y menor que la señalada por el punto. Debe escribirse pegado a la palabra o el signo que lo precede, y separado por un espacio de la palabra o el signo que lo sigue.

a) Usos del punto y coma

Cuadro 9. Usos del punto y coma

Usos	Ejemplos
Se utiliza para separar elementos enumerados cuando se trata de expresiones complejas que incluyan comas o especificaciones de los elementos.	De conformidad con los tratados internacionales, entre ellos, La Declaración Universal de los Derechos Humanos, en su artículo 16(;) el Pacto Internacional de los Derechos Civiles y Políticos, numeral 23(;) y, la Convención Americana sobre Derechos Humanos, en su artículo 17(;) disponen, en esencia, que la familia es el elemento natural y fundamental de la sociedad y debe ser protegida por la misma sociedad y el Estado.
Se utiliza para separar oraciones independientes cuyo contenido atiende al mismo tema del que trata la oración.	Es arbitrario para el ciudadano la imposición conjunta de una pena y una sanción administrativa por los mismos hechos(;) la tramitación simultánea de ambos procesos carece de justificación y se traduce en un atentado contra los principios de proporcionalidad y seguridad jurídica.

Usos	Ejemplos
Se utiliza antes de las siguientes expresiones: pero, más, aunque, por consiguiente y en consecuencia, cuando las oraciones vinculadas tienen una estructura extensa y, especialmente, cuando la oración presenta comas internas.	El principio de *ultima ratio* obliga que las penas, como el medio coercitivo más importante del Estado, sean el último de los instrumentos estatales para prevenir los ataques a los bienes y valores fundamentales de la sociedad(;) en consecuencia, penalizar la conducta en cuestión sería tanto como utilizar al derecho penal como una herramienta simbólica y no como un mecanismo de *ultima ratio*.
Se utiliza para separar los componentes de una lista que se escriben de forma independiente, salvo el último, que cierra con punto final.	A través de la prueba razonada, motivada y fundamentada, debe determinarse si en el caso en estudio: Los indicios se probaron(;) no tienen vicios formales(;) guardan una relación lógica y natural con la conclusión(;) son concordantes y unívocos(;) no se trata de un solo indicio(;) y, producen certeza.

D. Los dos puntos

El uso de los dos puntos en una oración pausa los enunciados del discurso para anunciar el tema que sigue, por lo que en su uso los enunciados deben estar estrechamente relacionados con el texto que le precede. Los dos puntos se colocan pegados a la palabra o el signo que los antecede.

a) Usos de los dos puntos

Cuadro 10. Usos de los dos puntos

Usos	Ejemplos
Se utilizan cuando las enumeraciones tienen carácter explicativo, es decir, cuando se encuentran precedidos de un elemento que anticipa el tema de que trata.	Al respecto, véase la jurisprudencia(:) I.1SCF.056J.2ª, localizable en la página del Poder Judicial del Estado de México.
Se utilizan cuando preceden a la utilización de citas o palabras textuales, que deben escribirse entre comillas e iniciarse con mayúscula.	El artículo 5.283, del Código Civil del Estado de México, establece(:) «El usufructo no se extingue por el mal uso que haga el usufructuario del bien usufructuado; pero si el abuso es grave, el propietario puede pedir que se le ponga en posesión de los bienes, obligándose y garantizando el pago anual al usufructuario del producto líquido de los mismos, por el tiempo que dure el usufructo, deducido el premio de administración que el Juez le acuerde».
Se utilizan cuando los elementos enumerados se insertan en forma de lista.	La hoy quejosa, refiere de manera sustancial las inconformidades siguientes(:) La determinación judicial con la cual se desechó la demanda carece de fundamento legal aplicable. La actuación del juez es contraria al artículo tercero de la Constitución Política de los Estados Unidos Mexicanos.

Usos	Ejemplos
Se utilizan para conectar oraciones relacionadas entre sí sin necesidad de emplear un nexo.	El carácter obligatorio de la asesoría y acompañamiento opera en ambos sentidos(:) el Estado debe proporcionarlo conforme a...
Se utilizan en textos jurídicos y administrativos para separar palabras o frases que guardan relación con el complemento.	Ponente(:) Votación(:) Rubro(:) Justificación(:)

E. Los puntos suspensivos

El uso de los puntos suspensivos tiene como función principal indicar que falta algo para completar el discurso, es decir, señala una suspensión o una omisión en el contenido del texto.

a) Usos de los puntos suspensivos

Cuadro 11. Usos de los puntos suspensivos

Usos	Ejemplos
Se utilizan para indicar una pausa transitoria dentro del texto o para señalar la interrupción voluntaria de un discurso cuyo final se da por conocido o sobrentendido por el interlocutor.	Las controversias de derecho familiar se consideran de orden público por constituir la base de la integración de la sociedad, estando facultado el juzgador para actuar de oficio, especialmente tratándose de niñas, niños y adolescentes... decretando las medidas cautelares tendientes a preservar la familia y a proteger a sus miembros...

Usos	Ejemplos
Se utilizan entre corchetes o entre paréntesis para indicar la supresión de un fragmento en una cita textual.	La Declaración Universal de Derechos Humanos, en su artículo 10, establece: "[...] Toda persona tiene derecho, en condiciones de plena igualdad, a ser oída públicamente y con justicia por un tribunal independiente e imparcial [...]".
Se utilizan al final de enumeraciones abiertas o incompletas, con el mismo valor que la palabra etcétera o su abreviatura.	Son delitos graves en el Estado de México: el de delincuencia organizada, el de encubrimiento, el de homicidio, el de extorsión...

F. Las comillas

La función de las comillas es enmarcar la reproducción de palabras que corresponden a alguien distinto de quien escribe el texto. Se escriben pegadas a la primera y la última palabra del pasaje que enmarcan. En español, la primera opción recomendada es la utilización de comillas angulares o latinas (« »). Si un segmento entrecomillado se incluye en uno que ya está entrecomillado, se utilizarán las comillas inglesas (« " " »).

a) Usos de las comillas

Cuadro 12. Usos de las comillas

Usos	Ejemplos
Se utilizan para enmarcar una cita textual.	De conformidad con el artículo 4.135, del Código Civil del Estado de México, se advierte que: «Los derechos alimentarios comprenden esencialmente la satisfacción de las necesidades de alimentación y nutrición, habitación, educación, vestido, atención médica, hospitalaria y psicológica preventiva integrada a la salud y recreación, y en su caso, los gastos de embarazo y parto…».
Se utilizan para indicar que una palabra o expresión es impropia, procede de otra lengua o se utiliza con un sentido especial.	Una zona urbana no puede considerarse como «camino público». El concepto legal de «alimentos» no solo comprende la «comida».
Se utilizan para encerrar el título de artículos de revistas, capítulos de libro y documentos de escasa extensión.	Celador Angón, Óscar, «Procesos electorales y laicidad en México», en Ríos Vega, Luis Efrén (coord.), *Tópicos contemporáneos de derechos políticos fundamentales*, Madrid, Dykinson, 2010, p. 200.
Se utilizan para encerrar los rubros de tesis, jurisprudencias o precedentes, que se citen en el texto.	Tesis aislada LXV/2008 de la Primera Sala de esta Suprema Corte de Justicia de la Nación, (registro 169316), localizable en la Gaceta del Semanario Judicial de la Federación, Tomo XXVIII, página 457, cuyo rubro es: «DERECHO A LA SALUD. SU REGULACIÓN EN EL ARTÍCULO 4º. DE LA CONSTITUCIÓN POLÍTICA DE LOS ESTADOS UNIDOS MEXICANOS Y SU COMPLEMENTARIEDAD CON LOS TRATADOS INTERNACIONALES EN MATERIA DE DERECHOS HUMANOS».

G. Los paréntesis

El uso de los paréntesis tiene como finalidad insertar en el enunciado información complementaria o aclaratoria sin interrumpir la coherencia del texto. Se escriben pegados al primer y al último carácter del periodo que enmarcan.

a) Usos de los paréntesis

Cuadro 13. Usos de los paréntesis

Usos	Ejemplos
Se utilizan para interrumpir el enunciado con un inciso aclaratorio o que contiene información adicional.	El auto de vinculación a proceso establece los plazos para el cierre de la investigación y da lugar a medidas cautelares (como lo es la prisión preventiva).
Se utilizan para incorporar un dato o precisión de fechas, lugares, el desarrollo de una sigla o la abreviatura de una ley.	Así lo establece la Ley Orgánica del Poder Judicial del Estado de México (LOPJEM).
Se utiliza para introducir opciones en un texto, ya sea una palabra completa o uno de sus segmentos.	Esposo (a), concubino (a), compañero(a), hija (o).
Se utilizan en textos jurídicos para encerrar con letra las fechas o cifras que se expongan.	«...que equivalen a la cantidad líquida de $5,000.00 (cinco mil pesos 00/100 M.N)».

H. Los corchetes

En ciertos contextos, los corchetes se utilizan de forma análoga a los paréntesis para incorporar información complementaria o aclaratoria. Se escriben pegados al primer y al último carácter del periodo que enmarcan.

a) Usos de los corchetes

Cuadro 14. Usos de los corchetes

Usos	Ejemplos
Cuando se cita un texto ajeno entre comillas, se emplean los corchetes para intercalar los comentarios y aclaraciones de quien está reproduciendo la cita.	«Respecto a la controversia de cuándo empieza la vida humana, [...] se trata de una cuestión valorada de diversas formas desde una perspectiva biológica, médica, ética, moral, filosófica y religiosa, y [esta Corte] coincide con tribunales internacionales y nacionales, en el sentido que no existe una definición consensuada sobre el inicio de la vida».
Se usan los corchetes cuando dentro de un enunciado que va entre paréntesis es preciso introducir alguna precisión o nota aclaratoria.	
Se utilizan tres puntos entre corchetes para indicar, en la transcripción de un texto, que se ha omitido un fragmento del original.	

I. La raya

El uso de la raya tiene como finalidad indicar que las unidades lingüísticas que aísla no son una parte central del mensaje, sino que constituyen un discurso secundario que se inserta en el discurso principal para introducir información complementaria o incidental.

a) Usos de la raya

Cuadro 15. Usos de la raya

Usos	Ejemplos
Se utiliza para encerrar aclaraciones o incisos.	El plazo para promover la acción de inconstitucionalidad es de treinta días naturales y su cómputo debe iniciarse a partir del día siguiente a la fecha en que la norma general sea publicada en el correspondiente medio oficial, precisando que, como regla general —excepto cuando se trate de normas electorales— si el último día del plazo fuera inhábil, la demanda podrá presentarse el primer día hábil siguiente.
Se utiliza para introducir una aclaración en un texto ya encerrado por paréntesis.	Para más información sobre derechos humanos (la bibliografía existente —incluso en inglés— es bastante extensa), deberá acudir al micrositio de la Suprema Corte.
Se utiliza para enmarcar comentarios sobre la cita textual.	«Todas las multas se catalogan dentro de los cobros fiscales, en razón de que se sigue el procedimiento administrativo de ejecución —antes llamado económico-coactivo— para hacerlas efectivas».

J. Guion

El uso del guion tiene como finalidad vincular, en determinados casos, los elementos independientes que integran una palabra compuesta.

> Ejemplo:
>
> Se advierte que el vínculo paterno-filial se ha consolidado y estabilizado.

4. USO FUNCIONAL DE LAS DISTINTAS CLASES DE LETRA

A. *Cursiva*

El uso de la letra cursiva o itálica, con el fin de contar con documentos jurídicos homogéneos, debe darse en los siguientes supuestos:

1. Cuando se haga uso de latinismos o extranjerismos en su forma original.
2. Cuando se haga mención de los títulos de libros, diccionarios, enciclopedias, revistas, periódicos o folletos.
3. Cuando se pretendan señalar las palabras a las que solo se hace referencia y que no se usan por su significado propio.
4. Las citas se insertan siempre entrecomilladas, y se escribirán en letra cursiva cuando aparecen integradas en el texto y en redonda si van aisladas en un párrafo.
5. Se utilizará la cursiva en los casos en los que así lo determinen las reglas de ortografía.

B. *Negrita*

La letra negrita no debe ser utilizada en la redacción general del texto, excepción hecha de los encabezados, títulos, apartados, subapartados. También se utilizará en todas aquellas palabras o frases que sirvan para marcar la entrada de la división de las partes internas del texto.

Cuando se trata de documentos jurídicos, se recomienda ser consistente en que solo se hará uso de las negritas en caso de ser estrictamente necesario. Asimismo, se aconseja evitar subrayar o usar itálicas con el mismo fin.

Aunado a ello, y con el fin de contar con documentos jurídicos homogéneos, la letra negrita no debe utilizarse para:

1. Resaltar palabras en el texto.
2. Resaltar textos completos en mayúsculas.
3. Escribir nombres propios con el fin de identificarlos con mayor prontitud.
4. Escribir párrafos completos o gran parte de ellos, haciendo difícil la observación del texto.

Capítulo III

Redacción de sentencias

Las resoluciones son operaciones mentales o juicios lógicos a través de los cuales se deciden las cuestiones y controversias planteadas en un proceso. A través de ellas se compara una pretensión con la norma jurídica aplicable y se emite un juicio.

Considerando su relevancia, las sentencias y, en general, todo documento de índole jurídica debe ser redactado de forma coherente y sencilla.

1. CARACTERÍSTICAS ESENCIALES DE LAS SENTENCIAS

1) Extensión razonable. Es recomendable redactar sentencias concisas, sin que ello implique que se conviertan en resoluciones que prescindan de las referencias, los fundamentos o las expresiones jurídicas necesarias que toda resolución de carácter jurisdiccional contiene.

2) Lenguaje claro. Se pretende una redacción llana y comprensible para la sociedad, es decir, que mediante el empleo de estructuras gramaticales simples, enunciados cortos y básicos, y el uso de la voz activa, las sentencias sean fácilmente comprensibles.

3) Lenguaje con perspectiva de género. El uso del lenguaje con perspectiva de género funge como instrumento para combatir la práctica reiterada de mas-

culinizar el lenguaje en actuaciones oficiales. Por lo tanto, se recomienda:

— Utilizar sustantivos genéricos y colectivos.

— Dar preferencia al uso de la voz imperativa, de modo que se omita determinar el género del sujeto.

— Incluir formas no personales del verbo.

— Emplear determinaciones sin marca de género u omisión del determinante en el caso de los sustantivos de una sola terminación.

— Reducir el nombre de cargos específicos en cuanto al género.

4) Estructura adecuada. La estructura de una sentencia es importante, ya que revela la forma en la que se articula su razonamiento. En este sentido, se recomienda:

— Separar las grandes ideas del texto.

— Expresar cada idea en párrafos concretos y coherentes.

— Referir fechas solo cuando sea estrictamente necesario.

— Insertar subtítulos en los considerandos y resultandos para una lectura más rápida.

— Subrayar o resaltar ideas centrales que sean el sustento de la decisión.

— Enumerar todos los párrafos en las sentencias.

2. ESTRUCTURA FORMAL DE LA SENTENCIA

En la práctica, la estructura que permite que la sentencia sea lógica y congruente es la siguiente:

1) Datos de identificación. Son aquellos que permiten identificar el juicio en el que se resuelve un asunto. Son los siguientes: el número de expediente, la materia y el nombre del quejoso y en algunos casos, el nombre del juzgador.

   Deben escribirse con todas sus letras en mayúsculas.

   Ejemplo:

   TOCA: 877/2023

   QUEJOSO:

   MAGISTRADO PONENTE:

2) Encabezado. Es el apartado que contiene el lugar y fecha en que se dicta la sentencia. Después de la fecha, suelen redactarse los datos que contengan información del expediente y que inicia con la cláusula «Vistos los autos».

   Ejemplo:

   Toluca, Estado de México, once de enero de dos mil veintitrés.

   VISTOS los autos del toca 877/2023, formado con motivo del recurso de apelación interpuesto por…, y:

3) Resultando. Es el capítulo que, en atención al tipo de asunto, realiza una exposición breve de los antecedentes y de las cuestiones o hechos debatidos, así como la comprensión histórica de los diferentes actos procesales referidos a cada una de las partes. Por lo tanto, debe ser redactado de forma organizada en párrafos con números ordinales escritos en letra.

   — Primer resultando. En este lugar se señalan los antecedentes del asunto: el nombre de la parte actora y/o el de su apoderado legal, la fecha de presentación de la demanda, el nombre de la parte demandada, los actos reclamados, y los preceptos y garantías violados.

— Segundo resultando. En atención a la coherencia, dependerá del contenido de los resultandos sucesivos al primero. De forma general, se acostumbra señalar la fecha de admisión del recurso y la fecha del acuerdo en que se turnó el expediente.

Ejemplo:

Incorrecto

RESULTANDO

PRIMERO. Antecedentes. Con fecha de once del mes de enero del año dos mil veintitrés se radicó en el expediente número 877 / 2023 ante el señor magistrado del Juzgado Quinto Civil de Toluca con residencia en Metepec, México, la demanda en que C. Juan Pérez reclamó...

SEGUNDO. La demandada, a través de la contestación, se opuso a la procedencia de las prestaciones reclamadas y sirva de contexto la cita de las excepciones que la C. María Ruperta consideró aplicables a su caso con motivo de lo siguiente...

TERCERO. Derivado de la oposición de la C. María Ruperta, el juez absolvió a la ya mencionada ciudadana en los términos que a continuación se transcriben para entender:

«[...]

PRIMERO. Juan Pérez no acreditó los elementos de la acción ejercitada en contra de María Ruperta.

[...]»

CUARTO. Inconforme con dicha sentencia, el C. Juan Pérez, interpuso el recurso de apelación y previos trámites de ley se turnó el asunto a la magistrada Angélica Pérez Pérez para el estudio y presentación del proyecto de resolución que corresponde al caso en concreto que a continuación se desarrolla…

Correcto

RESULTANDO

PRIMERO. El once de enero de dos mil veintitrés se radicó en el expediente 877/2023 ante el Juzgado Quinto Civil de Toluca con residencia en Metepec, México, la demanda en que la parte actora reclamó…

SEGUNDO. La demandada, a través de la contestación, se opuso a la procedencia de las prestaciones reclamadas, señalando las excepciones que consideró aplicables a su caso.

TERCERO. Derivado de estudio del caso, el juez absolvió a la demandada de las prestaciones reclamadas, resolviendo en los siguientes términos:

«[…]

PRIMERO. Juan Pérez no acreditó los elementos de la acción ejercitada en contra de María Ruperta.

[…]»

CUARTO. Inconforme con dicha sentencia, la parte actora interpuso recurso de apelación y, previos trámites de ley, se turnó el asunto a la magistrada Angélica Pérez Pérez, para el estudio y presentación del proyecto de resolución correspondiente.

En el apartado del resultando, debe evitarse el uso excesivo de formulismos y redundancias.

4) Considerando. Es la parte en la que se exponen cada una de las razones esenciales que preceden y sirven de apoyo a un fallo o dictamen que resulta del análisis de las pretensiones y de las pruebas practicadas. Al igual que en el caso de los resultandos, los considerandos varían en función de las características de cada asunto.

— Primer considerando: hace referencia a la competencia del órgano jurisdiccional para pronunciar el fallo.

— Considerando relativo a la legitimación: en el supuesto de incumplimiento de algún requisito, debe dedicarse un considerando a la explicación de cada uno de los requisitos o presupuestos procesales de admisibilidad, entre ellos la jurisdicción, la capacidad, la vía, la forma, el lugar, la personalidad y los plazos.

— Considerandos relativos al análisis del asunto: se dedican a examinar los conceptos de violación, por lo que su número variará en función de la complejidad del asunto.

Ejemplo:

Incorrecto

CONSIDERANDO

I. COMPETENCIA. Este Juzgado resulta ser competente para conocer del presente asunto de disolución de matrimonio en términos de lo dispuesto por los artículos que a continuación de enuncian, siendo estos: 1.1, 1.10, 1.29 y 1.42, fracción XII del Código de Procedimientos Civiles para el Estado de México, así como el artículo 72 de la Ley Orgánica del Poder Judicial del Estado de México...

II. PROCEDENCIA. De conformidad con la reforma del Código Civil del día tres del mes de mayo del año dos mil doce, esta petición de disolución de matrimonio es procedente bajo dos condiciones que deben ser justificadas para determinar su procedencia…

III. Es por eso por lo que, en cuanto al primer elemento que se señala para la procedencia de disolución del matrimonio, se tiene por justificado, precisamente con el escrito inicial de la presente solicitud, en la cual la parte solicitante manifestó su voluntad de disolver el vínculo matrimonial con el C. Ruperto Domínguez petición que no fue contradicha por el mismo.

IV. En cuanto al segundo elemento, se considera que se tiene por acreditado, precisamente porque se ve con la documental pública, consistente en el acta de matrimonio bajo los siguientes antecedentes que se citan a continuación…

V. Es de estas circunstancias, toda vez que se han reunido los requisitos de ley y con base en los argumentos jurídicos vertidos, con apoyo en lo que señalan…

VI. Así que con sustento en lo que señala el artículo 4.31 fracción I del Código Civil, se puede entender que se da por terminada y concluida la sociedad conyugal, régimen patrimonial bajo el cual las partes de este asunto contrajeron matrimonio civil, en su caso, su liquidación se hará en ejecución de sentencia una vez que se puedan dar las bases para ello…

VII. Con fundamento en el dispuesto por el artículo 2.379 del Código de Procedimientos Civiles, toda vez que la presente resolución es irrecurrible, por ende, la misma debería causar ejecutoria en acatamiento a lo dispuesto por el artículo 2.284 del Código procesal Civil con copias certificadas de la presente...

VIII. GASTOS Y COSTAS. Por no actualizarse alguno de los supuestos que prevé el artículo 1.227 del código procesal en cita, se considera que es oportuno omitir realizar alguna declaración en costas en esta instancia que resuelve.

Correcto

CONSIDERANDO

I. COMPETENCIA. Este Juzgado resulta ser competente para conocer del presente asunto en términos de los dispositivos 1.1, 1.10, 1.29 y 1.42, fracción XII, del Código de Procedimientos Civiles para el Estado de México, así como el artículo 72 de la Ley Orgánica del Poder Judicial del Estado de México...

II. PROCEDENCIA. De conformidad con la reforma del Código Civil del tres de mayo del dos mil doce, esta petición de disolución de matrimonio es procedente bajo dos condiciones y las cuales se deben justificar...

III. En ese sentido, en cuanto al primer elemento, se tiene por justificado, precisamente con el escrito inicial de la presente solicitud, en la cual la parte solicitante manifiesta su voluntad de disolver el vínculo matrimonial, petición que no fue contradicha por...

IV. En cuanto al segundo elemento, se tiene por acreditado, con la documental pública, bajo los siguientes antecedentes...

V. Bajo tales circunstancias, toda vez que se han reunido los requisitos de ley y con base en los argumentos jurídicos vertidos, con apoyo en lo que señalan…

VI. Asimismo, con sustento en lo que señala el artículo 4.31 fracción I del Código Civil, se da por terminada y concluida la sociedad conyugal, régimen patrimonial bajo el cual contrajeron matrimonio civil los interesados…

VII. Con fundamento en el dispositivo 2.379 del Código de Procedimientos Civiles, toda vez que la presente resolución es irrecurrible, por ende, de conformidad con lo dispuesto por el artículo 2.284 del Código procesal Civil con copias certificadas de la presente sentencia, gírese oficio…

VIII. GASTOS Y COSTAS. Por no actualizarse alguno de los supuestos que prevé el numeral 1.227 del código procesal en cita, se omite realizar especial declaración en costas en esta instancia.

En el ejemplo anterior se advierte coherencia y continuidad en las razones expuestas en el contenido de los considerandos. Por lo tanto, también se recomienda el uso de números romanos antes del tema que trata para que el documento sea más comprensible y facilitar su lectura.

5) Puntos resolutivos. Es la parte de la sentencia en la que, con base en el estudio del asunto, se puntualiza el sentido del fallo que determina los derechos y las obligaciones para las partes. Suelen ir precedidos de la expresión «SE RESUELVE».

Ejemplo:

Incorrecto

En atención a lo expuesto y fundado, con apoyo, además, en los artículos 1.192, 1.193,

1.195, 1.198 y 1.199 del ya citado Código de Procedimientos Civiles, es de resolverse y se; RESUELVE:

PRIMERO. Ha sido substanciado en sus términos determinados el procedimiento especial de divorcio incausado solicitado por la ciudadana Juanita y el ciudadano Roberto.

SEGUNDO. En términos de los artículos 2.377 y 2.378, del código citado, se percibe que no se puede aceptar la propuesta de convenio que se hizo llegar al proceso que es de saberse, dada la inasistencia del cónyuge citado por lo que se procederá en términos de los preceptos…

TERCERO. Se decreta el divorcio incausado y se declara disuelto el vínculo matrimonial que en virtud de los artículos correspondientes del código correspondiente une a las partes para los efectos legales respectivos…

CUARTO. Se da por concluida y terminada la sociedad conyugal de régimen patrimonial, bajo el cual se contrajo matrimonio civil, previniendo a las partes de que no pueden ocultar, enajenar, dilapidar bienes y efectos patrimoniales todos los generados durante su matrimonio…

QUINTO. En virtud de que la presente resolución se entiende que debe causar ejecutoria, por lo tanto, hágase favor de girar el pertinente oficio al caso…

SEXTO. Notifíquese Personalmente.

Correcto

Por lo anteriormente expuesto y fundado, se;

RESUELVE

PRIMERO. Ha sido substanciado en sus términos el procedimiento especial de divorcio incausado solicitado por…

> **SEGUNDO.** En términos de los artículos 2.377 y 2.378, del código citado, no se aprueba la propuesta de convenio que se hizo llegar al proceso, dada la inasistencia del cónyuge citado por lo que se procederá en términos de los preceptos…
>
> **TERCERO.** Se decreta el divorcio incausado y se declara disuelto el vínculo matrimonial que civilmente une a las partes para los efectos legales respectivos…
>
> **CUARTO.** Se da por concluida y terminada la sociedad conyugal de régimen patrimonial bajo la cual se contrajo matrimonio civil, apercibiendo a las partes de abstenerse de ocultar, enajenar, dilapidar bienes y efectos patrimoniales generados durante el matrimonio…
>
> **QUINTO.** En virtud de que la presente resolución causa ejecutoria, por lo tanto, gírese oficio, con los insertos necesarios…
>
> **SEXTO.** Notifíquese personalmente.

6) Pie de la sentencia. Es la leyenda con la que se concluye la sentencia, y que precisa el sentido de la votación, el nombre o nombres de los magistrados.

> Ejemplo:
>
> Lo resolvieron y firman por unanimidad de votos los magistrados…

7) Voto particular. En caso de la existencia de voto(s) disidente(s) respecto al pronunciamiento del resto de los magistrados, debe incluirse en la sentencia.

3. REQUISITOS DE FONDO DE LA SENTENCIA

Los requisitos de fondo que debe contener una sentencia permiten que el contenido cumpla con los elementos para una comunicación efectiva entre el operador, las partes y, de ser el caso, la sociedad en general. En la doctrina se señalan los siguientes:

1) Motivación. El juzgador debe expresar las razones que, tras el estudio del caso, sustentan la decisión con la que lo resuelve.

2) Fundamentación. Es la expresión del derecho aplicable invocado por el juzgador para resolver el caso concreto y que más beneficia a las partes.

3) Congruencia. La solución debe guardar concordancia entre lo solicitado por las partes y lo resuelto por el juzgador, sin perjuicio de que en algunos casos el juez pueda aclarar y precisar las pretensiones de las partes.

4) Exhaustividad. Hace referencia al estudio de todas y cada una de las pretensiones formuladas por las partes.

5) Calidad expositiva. Es la correcta exposición de ideas. El operador debe seguir un orden en la exposición; debe ser objetivo, no verter sus opiniones o valoraciones y ser preciso para evitar ambigüedades.

6) Suficiencia de información. Es el uso de la información de la que se hace llegar el operador para resolver el caso concreto y que queda plasmada en el fallo. No obstante, debe ser breve y precisa.

4. REGLAS DE REDACCIÓN

Las reglas que debe seguir todo tipo de redacción, sobre todo en los documentos de índole jurídica, son las siguientes:

1) Corrección. El contenido del texto debe atender las reglas de ortografía del español. Por lo tanto, debe evitarse la deformación de los signos.

2) Claridad. La redacción del texto debe tener calidad. Esta se logra ordenando de manera lógica los elementos que conforman el texto y utilizando palabras que el lector pueda entender sin dificultad.

3) Concisión. En la redacción debe procurarse la brevedad y la economía de medios en la expresión de las ideas. Por lo tanto, deben evitarse los comentarios, las palabras y las expresiones innecesarias.

4) Precisión. Es el uso adecuado de las palabras que logran expresar ideas completas sin omitir los detalles necesarios para la comprensión cabal del texto. Ello implica el conocimiento del significado de los vocablos utilizados.

5) Unidad. Las ideas deben tener orden y cohesión, es decir, debe existir una secuencia lógica en los argumentos del texto.

6) Adecuación técnica. Es la observancia de los lineamientos técnicos y léxicos propios de cada escrito.

   Ejemplo:

   Incorrecto

   Primero leí la demanda de amparo y el escrito de ocho de enero de dos mis dos; de tal forma que logré comprender lo que pedía el promovente del juicio: quiere que se cancele el embargo de su casa. Por eso, considero que tendré esa carga como el acto de autoridad que cuestiona el justiciable.

Correcto

De la lectura de la demanda de amparo y del escrito de ocho de enero de dos mil dos, se desprende que el quejoso reclama la inconstitucionalidad del embargo de su propiedad. De ahí que tal embargo deba tenerse como acto reclamado en este juicio.

5. VICIOS TÉCNICOS DE REDACCIÓN

La falta de directrices precisas para redactar documentos jurídicos homogéneos provoca vicios técnicos que afectan la calidad de la redacción. A este respecto, se considera oportuno que los operadores eviten el uso de vicios como los siguientes:

1) Repeticiones inútiles. Es el uso reiterado de datos en varios apartados o lugares de un documento judicial. Para evitar este vicio, se recomienda el uso de remisiones, entre ellas «véase arriba», «en atención al párrafo anterior», «lo mencionado en el apartado x».

   Por lo tanto, puede simplificarse la exposición de las ideas sin alterar los lineamientos procesales y jurídicos para obtener como resultado un texto cuya lectura sea menos densa y que comunique ágilmente su contenido.

2) Obviedades. Se precisan innecesariamente acciones que inevitablemente deberán realizarse.

   Ejemplo:

   Por otra parte, agréguese para que obre como corresponda y surta sus efectos legales el escrito firmado por Juan Pérez.

> Notifíquese con copia certificada y autorizada de la presente resolución, personalmente a la parte actora y por oficio a las autoridades demandadas para que tengan conocimiento y los efectos legales a que hubiere lugar.

3) Explicaciones innecesarias. No es necesario mencionar el método que va a seguir el juzgador, ya que el procedimiento se encuentra implícito en su labor de juzgar, por lo cual resultan innecesarias las frases como la del ejemplo.

   Ejemplo:

   Por razón de método, y para una mejor interpretación metódica del asunto, se procede al análisis del contenido del primer agravio, donde el recurrente combate la resolución.

4) Transcripciones. Las transcripciones largas e innecesarias provocan problemas de lectura y comprensión en una resolución. En este sentido, se recomienda que en las transcripciones se indique lo siguiente:

   — La demanda o petición.

   — Las pruebas que se ofrezcan.

   — Los hechos o las normas jurídicas violadas o no aplicadas.

   — Las razones por las cuales, según las partes, se produjeron los agravios o se violaron —o no se aplicaron— tales normas.

5) Formato. En los formatos de redacción suelen resaltarse innecesariamente diversas partes del documento —por ejemplo, el nombre de las partes— con diferentes tipos de letra, subrayados, líneas

punteadas, letras negritas y mayúsculas. El abuso de esos elementos gráficos dificulta la lectura, causa confusión o distrae la atención de los lectores.

Propuesta de nomenclatura:

ASUNTO:

QUEJOSA:

MAGISTRADO PONENTE:

Toluca, Estado de México, doce de febrero de dos mil veintitrés.

Sentencia que se dicta en el toca 234/2023, formado con motivo de la apelación interpuesta por Juan Guzmán, contra la sentencia definitiva dictada el…

RESULTANDO

PRIMERO. El once de enero de dos mil veintitrés se radicó en el expediente 877/2023 ante el Juzgado Quinto Civil de Toluca con residencia en Metepec, México, la demanda en que la parte actora reclamó…

SEGUNDO. La demandada a través de la contestación se opuso a la procedencia de las prestaciones reclamadas, señalando las excepciones que consideró aplicables a su caso.

TERCERO. Derivado de estudio del caso, el juez absolvió a la demandada de las prestaciones reclamadas, resolviendo en los siguientes términos:

«[…]

PRIMERO. Juan Pérez no acreditó los elementos de la acción ejercitada en contra de María Ruperta.

[…]»

CUARTO. Inconforme con dicha sentencia, la parte actora interpuso recurso de apelación y previos trámites de ley, se turnó el asunto a la magistrada Angélica Pérez Pérez para el estudio y presentación del proyecto de resolución correspondiente.

CONSIDERANDO

I. COMPETENCIA. Esta Primera Sala Civil Regional de Toluca estado de México es competente de conformidad con los artículos 1.1, 1.4, 1.5, 1.8 y 1.30, fracción primera, del Código de Procedimientos Civiles del Estado de México...

II. SENTENCIA APELADA. Para decidir en el sentido que lo hizo, el juez atendió las siguientes consideraciones...

III. CALIFICACIÓN DE AGRAVIOS. Es así que, a la luz de las constancias que integran el expediente,...

IV. ESTUDIO DE LA *LITIS*. Con base en la calificación otorgada a los agravios...

Apoya lo anterior, el criterio: «**CULPA. RESPONSABILIDAD CIVIL SUBJETIVA, SU CONCEPTO Y CLASIFICACIÓN...**»

V. PROCEDENCIA. Derivado del estudio del caso, se advierte que fue procedente la vía ordinaria civil elegida por la parte actora para ejercitar la acción de responsabilidad civil subjetiva que le competía a la parte demandada en la que la actora acreditó los elementos...

VI. BASES DE EJECUCIÓN. De acuerdo con las constancias de autos, se estima que no se puede determinar de manera líquida el monto al que debe ascender la indemnización a causa de la responsabilidad declarada...

Al efecto, en términos del artículo quinto de la Constitución Política de los Estados Unidos Mexicanos, se determina...

En otras palabras, las o los peritos que intervengan tomarán como base para la cuantificación de los gastos...

VII. COSTAS DE PRIMERA INSTANCIA. No se hace especial condena en el pago de costas en esta instancia toda vez que no se actualiza alguno de los supuestos...

Por lo expuesto, se;

RESUELVE

PRIMERO. Fue procedente la vía ordinaria civil elegida por la parte actora.

SEGUNDO. Los elementos que conforman la acción se acreditaron y, en consecuencia, se condena a la parte demandada al pago de los daños causados, lo cual se cuantificará en ejecución de sentencia con base en los parámetros brindados en el cuerpo de este fallo.

TERCERO. Se revoca la sentencia impugnada dictada el doce de noviembre de dos mil veintidós, por el juez... para quedar en los términos expuestos en el cuarto considerando.

CUARTO. No se hace especial condena sobre costas.

QUINTO. Notifíquese personalmente y con copia certificada de la presente y de sus notificaciones a las partes y autoridades competentes.

Así, por unanimidad de votos, lo resolvieron y firmaron los magistrados... integrantes de la

Primera Sala Civil de Toluca del Tribunal de Justicia del Estado de México.

Edgar González
Magistrado presidente

Marco Hernández **Magistrado integrante**	**Cristina Guzmán** **Magistrada Ponente**

Juanita González
Secretaria de acuerdos
Doy fe.

Si los elementos gráficos del ejemplo anterior se emplean de forma correcta y se redactan en papel tamaño oficio, en un tipo de letra Arial de 12 puntos y con la nomenclatura que se propone, la lectura y comprensión será más sencilla.

Finalmente, los apartados antes mencionados deben ser considerados no solo para la redacción de sentencias, sino también para la de los criterios jurídicos que atienden el nuevo modelo de formación.

6. RECOMENDACIONES DE REDACCIÓN

De conformidad con lo expuesto en los apartados anteriores, y con la finalidad de brindar homogeneidad a los documentos que se redacten, se recomienda lo siguiente:

1. Escribir con número las fechas.
2. Evitar las transcripciones en los considerandos.
3. Eliminar considerandos y resultandos innecesarios.
4. Usar tipo de letra Arial de 12 puntos, con interlineado de 1.5.

5. Evitar repeticiones, obviedades, explicaciones y tecnicismos innecesarios.
6. No abusar de los elementos gráficos (subrayados, negritas, mayúsculas, etcétera).
7. Citar, en notas a pie de página, a los autores cuando se referencien fuentes doctrinales.
8. Imprimir el documento en papel tamaño carta u oficio (según sea el caso) por ambos lados.
9. Evitar las repeticiones inútiles y usar remisiones a los párrafos o al expediente, según sea el caso.
10. Modificar el párrafo introductorio; eliminar la frase «VISTOS...» y exponer únicamente el asunto que resuelve.
11. Enumerar las partes secundarias con la misma categoría; si se usa primero, segundo, o 1, 2. Debe hacerse de manera uniforme en cada apartado.
12. En cuanto a las citas de testimonios, exposiciones de motivos, jurisprudencia, doctrina o legislación y otras citas textuales, se aconseja reproducir únicamente la parte útil, salvo que sean el tema central del asunto, o hacer paráfrasis, resúmenes o síntesis.

7. COMPOSICIÓN DEL TEXTO

A. La oración

La oración puede definirse como una unidad sintáctica que necesariamente posee un verbo conjugado. Por lo tanto, para que se forme una oración, debe contener dos elementos: el sujeto, que es de quien se habla en la oración, y el predicado, que es lo que se dice del sujeto.

Ejemplo:

El secretario entregó las copias certificadas a la demandada el cinco de enero del año en curso.

a) Tipos de oraciones

1. Oraciones adversativas. Son las oraciones encabezadas por las conjunciones «pero», «mas» o «sino», entre otras.

   Ejemplo:

   En ese mismo espacio territorial, pero ahora en relación con los pronunciamientos de la Corte Interamericana de Derechos Humanos.

   Las excusas absolutorias no relevan al sujeto activo de su responsabilidad en la comisión de la conducta típica, sino que determinan su impunibilidad.

2. Oraciones concesivas. Son las oraciones que expresan una objeción y que se unen por los nexos «aunque», «por más que», «aun cuando» o «no obstante».

   Ejemplo:

   No obstante, la falta de ofrecimiento de pruebas por parte del actor, se estudiará la acción intentada.

3. Oraciones comparativas. Son las oraciones que expresan el segundo término de una comparación y que puede referirse al modo, a una cualidad o a la cantidad. Se forman mediante estos nexos:

   — Igualdad: «tan…como», «tan…cuanto», «igual que»…

— Superioridad: «más…que», «mejor», «superior»…

— Inferioridad: «menos…que»

b) Unión de oraciones

Las oraciones se pueden identificar de la siguiente forma:

1. Coordinadas copulativas: se enlazan por medio de las conjunciones «y», «e» o «ni».

   Ejemplo:

   La jueza admitió la demanda, señaló fecha para la audiencia y dio intervención al agente del Ministerio Público.

2. Coordinadas disyuntivas: se enlazan por medio de conjunciones «o», «o bien» o «u».

   Ejemplo:

   El amparo debe concederse o el juicio debe sobreseerse.

3. Subordinadas sustantivas: se enlazan con la oración principal por medio de los nexos «que», «si», «quién», «qué», «cuándo» o «cómo».

   Ejemplo:

   El juicio se siguió sin que fuera emplazado el demandado.

4. Subordinadas adverbiales de tiempo, modo o lugar.

   Ejemplo:

   El indiciado se abstuvo de declarar como se lo instruyó su defensor.

5. Yuxtaposición: se separan con coma o con punto y coma.

   Ejemplo:

   El procesado designó defensor, se declaró inocente, ofreció pruebas.

B. El párrafo

El párrafo es la unidad de comunicación que sirve de instrumento para organizar el texto de forma ordenada y coherente. En este sentido, el tema de cada argumento debe agotarse en un párrafo con la finalidad de facilitar la comprensión del texto.

a) Cualidades del párrafo

1. Coherencia. Es la integración lógica de las ideas que estructuran un texto, permite que este sea comprensible y tenga pleno sentido. Por lo tanto, el párrafo debe contener oraciones vinculadas por su significado, es decir, las oraciones deben complementarse entre sí a través de los conectores correctos.
2. Cohesión. Es la concordancia entre las palabras y oraciones dentro de los párrafos. A través de la cohesión se logra que el texto tenga un sentido lógico que facilita la comprensión por parte del lector.
3. Uniformidad. Los párrafos deben tener variantes significativas en su tamaño para que sean visualmente agradables.

b) Tipos de párrafo

En cuanto al contenido, en la redacción de resoluciones y otros documentos administrativos es posible encontrar los siguientes tipos de párrafos:

1. Expositivos: el objetivo es informar al lector de un hecho o de datos concretos.

   Ejemplo:

   El derecho al libre desarrollo de la personalidad es el derecho de cada persona a elegir y materializar los planes de vida que estime convenientes, sobre la base de sus intereses.

2. Argumentativos: se caracterizan porque tratan de convencer al receptor de la validez de una tesis.

   Ejemplo:

   Con valor probatorio pleno en términos del artículo 1.359 del Código de Procedimientos Civiles, este Tribunal estima esencialmente fundados los conceptos de agravio expresados por el señor Juan Pérez y suficientes para revocar el auto impugnado, en mérito de las razones que serán expuestas enseguida.

3. Contraargumentativos: presentan argumentos que, aparentemente, ponen en entredicho la tesis central; por lo tanto, es necesario formular una idea central, que será la que se defenderá a lo largo del texto.

   Ejemplo:

   Las medidas precautorias son actos que se decretan sin audiencia de las personas contra quienes se dirigen, por lo que no puede establecerse que exista juicio; pero tal circunstancia no implica que los afectados por una providencia precautoria dejen de ser «parte» en ellas, y tienen la legitimación para intervenir en las mismas.

En esta clase de párrafos se percibe la presencia de conectores del tipo: «pero», «sin embargo» y «aunque», que marcan la ruptura de una línea argumental y la introducción de un giro informativo contrario.

4. Descriptivos: enumeran las características de un conflicto o procedimiento explicando sus diversas partes, cualidades o circunstancias.

   Ejemplo:

   Respecto a las pruebas que el recurrente aportó, solo se puede advertir que muestran imágenes de unas calles recién rastreadas por una máquina de color rojo varada en diversos lugares, de personas platicando y de vehículos de motor con personas a bordo.

5. Narrativos: relatan los sucesos en tiempo y acción, como en el apartado de los antecedentes en una resolución.

   Ejemplo:

   El dos de diciembre de dos mil veintiuno, el titular del Juzgado Sexto Familiar del Distrito Judicial de Nezahualcóyotl, con residencia en Chimalhuacán, Estado de México, dictó el auto que es materia de apelación, en donde determinó lo siguiente…

6. Exhortativos: su objetivo es inducir a otro que haga o deje de hacer una cosa con razones fundamentadas, como en el apartado del resultando en una resolución.

   Ejemplo

   Se revoca el auto recurrido para quedar en los términos expuestos en la parte considerativa de este fallo.

7. Enumerativos: exponen la serie de ideas, una detrás de otra y organizadas en torno a una idea central.

La idea central organizadora puede aparecer al principio o al final, y justifica la serie enumerativa.

Ejemplo:

Para determinar el monto de indemnización cuando de autos no se puede advertir, el o la perito debe identificar: 1) el estado inicial en el que llegó la afectada con la contraparte; 2) el tratamiento que le cobró la contraparte a la afectada; y, 3) el estado final producto del tratamiento, y lo que obre en constancias, a través de las cuales advertirá el daño ocasionado por el tratamiento efectuado por la contraparte.

8. Delimitadores.

— Introductorios: suministran las claves para justificar y entender el texto.

Ejemplo:

Toluca, Estado de México, doce de febrero de dos mil veintitrés.

Sentencia que se dicta en el toca 234/2023, formado con motivo de la apelación interpuesta por Juan Guzmán, contra la sentencia definitiva dictada el…

En las resoluciones, el párrafo que expone el asunto de que trata es considerado el párrafo introductorio.

— Conclusivos: cierran el acto informativo, por lo que su redacción debe sintetizar el contenido expuesto previamente y ofrecer la solución del caso concreto.

Ejemplo:

Así por unanimidad de votos lo resolvieron y firmaron los magistrados… integrantes de la

Primera Sala Civil de Toluca del Tribunal de Justicia del Estado de México.

En las resoluciones, el apartado resolutivo cumple la función de los párrafos conclusivos.

c) Recomendaciones para la escritura del párrafo

1. Evitar el uso de párrafos largos, que provocan la interrupción de la comprensión del texto debido a la sucesión de oraciones subordinadas y frases explicativas en las que se combinan dos o más ideas que requieren desarrollos independientes.
2. No utilizar frases largas, dado que evitan que las ideas se comprendan.
3. No usar un estilo burocrático que deforme las ideas del párrafo.
4. La primera oración del párrafo debe contener la idea central del mismo. Se recomienda que la redacción de esa oración —ya sea afirmativa o negativa— se realice en presente simple y en forma asertiva.
5. Las oraciones secundarias deben fortalecer la idea principal del párrafo, así como darle sentido.
6. Evitar reescribir el nombre del sujeto gramatical de la oración principal.
7. Para escribir párrafos bien estructurados, puede seguirse el siguiente método: escribir de lo general a lo particular.

d) Marcadores del discurso

Cuadro 16. Marcadores del discurso

Marcador	Función	Ejemplos
De estructura	1. Comentadores: tienen la función de introducir un nuevo comentario sobre un mismo asunto. 2. Ordenadores: tienen la función de abrir una secuencia de ideas, indicar que la parte del texto a la que acompañan forma parte de una secuencia y señalar el fin de la secuencia de ideas. 3. Digresores: tienen la función de introducir un comentario lateral en relación con el tema principal.	1. Pues, pues bien, así las cosas, dicho esto… 2. En primer lugar/en segundo lugar/; por una parte/por otra parte; de un lado/de otro lado… 3. Por cierto, a todo esto, a propósito…
Conectores	1. Aditivos: tienen la función de unir a dos segmentos discursivos que se ordenan en una misma orientación argumentativa. 2. Consecutivos: tienen la función de remitir a un segmento del discurso anterior para presentar a uno nuevo. 3. Contraargumentativos: tienen la función de vincular dos segmentos del discurso, de tal modo que el segundo se presenta como atenuador de alguna conclusión que se pudiera obtener del primer segmento.	1. Además, encima, aparte, por añadidura, incluso, es más… 2. Por tanto, por consiguiente, por ende, en consecuencia, de ahí, entonces, pues, así, así pues… 3. En cambio, por el contrario, por contra, antes bien, sin embargo, no obstante, con todo, empero, ahora bien …

Marcador	Función	Ejemplos
Reformuladores	1. Explicativos: tienen la función de agregar un nuevo segmento al discurso para aclarar lo que se pretende decir.	1. O sea, es decir, en otras palabras, esto es, a saber, en otros términos, dicho de otro modo, dicho de otra manera.
	2 Rectificación: tienen la función de sustituir una formulación incorrecta por otra que la corrige.	2. Mejor dicho, mejor aún, más bien…
	3. Distanciamiento: tienen la función de privar de relevancia un segmento del discurso.	3. En cualquier caso, en todo caso, de todos modos, más bien…
	4. Recapitulativos: tienen la función de presentar una conclusión o recapitulación de una serie de segmentos.	4. En suma, en conclusión, en definitiva, en fin, al fin y al cabo…

C. Causas de oscuridad de un texto

1. Selección y orden de contenido

Una de las principales razones que motivan el oscurecimiento de los textos es el uso desorganizado de la información de la que se dispone. Para evitar este defecto, es necesario que el emisor tenga claros los siguientes extremos:

— ¿De qué trata el asunto? Deben identificarse los problemas y la solución de cada uno de ellos.

— Pensar en el receptor. Como se ha señalado en capítulos anteriores, una adecuada redacción del texto exige considerar quién es el destinatario, qué conocimientos tiene respecto al tema, para qué leerá el texto y en qué situación lo va a analizar.

— Información precisa para elaborar un esquema. En ocasiones, el exceso de información entorpece el proceso de redacción, por lo que el uso de esquemas permitirá al emisor tener las ideas más claras a la hora de redactar.

2. Deficiencia en el uso de signos ortográficos

En el momento de redactar cualquier tipo de texto, el autor debe tener mucho cuidado con la ortografía de las palabras, especialmente cuando se trata de textos jurídicos o administrativos, en los que el cambio de una letra o la mala acentuación de una palabra pueden cambiar su significado y, por tanto, entorpecer la comprensión del texto.

Ejemplo:

Incorrecto

Aun cuando no se halla notificado personalmente, dicha acción no trasciende de forma directa al resultado del fallo.

Correcto

Aun cuando no se haya notificado personalmente, dicha acción, no trasciende de forma directa al resultado del fallo.

3. Deficiencias sintácticas

La claridad de un escrito puede perderse cuando las ideas no son redactadas de acuerdo con su sentido o proximidad. En otros términos, una tesis no se entiende cuando se alejan las ideas que tienen relación estrecha con ella o se aproximan las que mantienen con la misma una relación lejana. Por lo tanto, se recomienda reordenar la idea principal atendiendo a las reglas de estructura de la oración.

4. Ambigüedad de palabras

El uso de términos que tienen más de un significado produce incertidumbre en el momento de la lectura el texto. Por lo general, estas ambigüedades pueden evitarse aportando mayor información al texto y procurando que esta información no sea innecesaria.

Capítulo IV

Elaboración de referencias

La utilización de referencias tiene la finalidad de registrar los datos bibliográficos que permiten la identificación de un documento para su posterior consulta.

El uso de referencias es útil para lograr los siguientes objetivos:

1. Sirve para evitar el plagio en la elaboración de textos nuevos.
2. Sirven como mecanismo de sustentación y mejora de la calidad de los argumentos.
3. Sirve para dar crédito a las ideas importantes que se exponen en un documento.
4. Sirve para identificar la publicación de la que fue tomado el tema o la idea referida y poder ahondar en el tema.
5. En los textos jurídicos, sirven para facilitar la búsqueda de jurisprudencia —por su clave—, de convenios, o de sentencias internacionales. Ello permite a los lectores del documento entender el sentido en que son utilizados esos recursos.
6. Sirve para analizar los métodos empleados o para localizar datos concretos de los documentos citados.

1. REFERENCIAS BIBLIOGRÁFICAS

Las citas bibliográficas sirven para reforzar los argumentos, razones, réplicas u opiniones que han sido publicadas en cualquier medio de divulgación escrito.

A. Libros

Cuando se trate de libros, debe seguirse la siguiente forma:

Apellido del autor, nombre, en caso de ser editor o compilador debe especificarse. (año). Título del libro en cursivas. Ciudad de publicación: Ed., E. Trad., si es el caso. T./ Vol., pág./s.

> Ejemplo:
>
> Jaramillo S., Eduardo A. (2022). *Autopsia de un juez.* Toluca, México: Tirant lo Blanch, p. 71.

B. Revistas

Cuando se trate de revistas, debe seguirse la siguiente forma:

Apellido, nombre del autor. (Año de publicación) Título del artículo. Título de la revista en cursivas, Volumen (número de la revista), número de páginas.

> Ejemplo:
>
> Aragón S. Orlando A. (2023). Reduciendo la brecha: reflexiones sobre el permiso de paternidad en México. *Ex Legibus,* número 18, pp. 63-86.

2. REFERENCIAS JUDICIALES

En muchas ocasiones, los operadores jurídicos citan documentos judiciales en sus escritos para robustecer un argumento. Por lo general, los documentos a los que hacen referencia esas citas son jurisprudencias, tesis aisladas o precedentes. Tal como sucede con otras, las citas a documentos judiciales deben explicitarse en una nota a pie de página.

A. *Sentencias de la Suprema Corte*

Cuando se trate de sentencias de la Suprema Corte de Justicia de la Nación, debe seguirse el siguiente orden:

Sentencia recaída al tipo de asunto, núm. asunto/año, Órgano jurisdiccional, ponente: ministro/a nombre, fecha de resolución.

> Ejemplo:
>
> Sentencia recaída al Amparo en Revisión, 237/2014, Primera Sala de la Suprema Corte de Justicia de la Nación, ponente: ministro Arturo Zaldívar, 4 de noviembre de 2015.

B. *Sentencias de tribunales internacionales*

Cuando se trate de sentencias de tribunales internacionales, debe seguirse el siguiente orden:

Órgano jurisdiccional. Asunto resuelto. Número de sentencia y año en que se dictó. Disponible en: enlace en el que se encuentra disponible.

> Ejemplo:
>
> Corte IDH, Caso Duque *vs.* Colombia. «Excepciones Preliminares, Fondo, Reparaciones y Costas». Serie C No. 310, sentencia de 26 de febrero de 2016. Disponible en: https://www.corteidh.or.cr/docs/casos/articulos/seriec_310_esp.pdf

C. *Legislación*

Cuando se trate de algún tipo de legislación, debe seguirse el siguiente orden: Título oficial de la ley, (abreviatura de la ley), nota indicando si la ley ha sido reformada, disposición específica citada, (abreviatura, en caso de ser aplicable), (país), fecha.

Ejemplo:

Ley Federal del Trabajo, (L.F.T.), Reformada, *Diario Oficial de la Federación* (D.O.F.), (México), 18 de mayo de 2022.

Capítulo V

Aspectos de forma

1. OFICIOS Y CIRCULARES

Fuente	Arial.
Número de fuente	12
Interlineado	1.5
Negritas	El operador jurídico solo utilizará negritas cuando sea estrictamente necesario para el entendimiento del texto.
Mayúsculas	Se usarán siguiendo las reglas de la ortografía.
Tamaño de papel	Carta.
Márgenes	Normales.
Impresión	Los documentos se deben imprimir a doble cara, para evitar el uso excesivo de papel.

2. SENTENCIAS

Fuente	Arial.
Número de fuente	12
Interlineado	1.5
Negritas	El operador jurídico utilizará negritas solo cuando sea estrictamente necesario para el entendimiento del texto.

Mayúsculas	Se usarán siguiendo las reglas de la ortografía.
Tamaño de papel	Oficio.
Márgenes	Normales.
Impresión	Los documentos deben imprimirse a doble cara, para evitar el uso excesivo de papel.

A. Citas en contenido de sentencia

Fuente	Arial.
Número de fuente	11
Interlineado	1.15
Negritas	El operador jurídico utilizará negritas solo cuando sea estrictamente necesario para el entendimiento del texto.

B. Referencias judiciales o bibliográficas como nota a pie de página

Fuente	Arial.
Número de fuente	10
Interlineado	1.15
Cursivas	El operador jurídico utilizará cursivas solo cuando las reglas ortográficas así lo determinen.

3. ACUERDOS

Fuente	Arial.
Número de fuente	12
Interlineado	1.5
Negritas	El operador jurídico utilizará negritas para resaltar el término ACUERDO y para destacar solo lo que sea estrictamente necesario, siguiendo las reglas de la ortografía.
Mayúsculas	Se usarán siguiendo las reglas de la ortografía.
Tamaño de papel	Oficio.
Márgenes	Normales.
Impresión	Los documentos deben imprimirse a doble cara, para evitar el uso excesivo de papel.

4. TESIS, JURISPRUDENCIA Y PRECEDENTES

Fuente	Arial.
Número de fuente	12
Interlineado	1.5
Negritas	El operador jurídico utilizará negritas para resaltar los apartados que conforman el criterio.
Tamaño de papel	Carta.
Márgenes	Normales.
Impresión	Los documentos deben imprimirse a doble cara, para evitar el uso excesivo de papel.

A. *Cuadro de datos de identificación*

Fuente	Arial.
Número de fuente	11
Interlineado	1.15
Negritas	El operador jurídico utilizará negritas solo para resaltar el nombre de cada elemento de los datos de identificación.

5. DOCUMENTOS RELATIVOS A REGLAMENTOS O MANUALES

Fuente	Arial.
Número de fuente	12
Interlineado	1.5
Negritas	El operador jurídico utilizará negritas solo cuando sea estrictamente necesario para el entendimiento del texto siguiendo las reglas de la ortografía.
Tamaño de papel	Carta.
Márgenes	Normales.
Impresión	Los documentos deben imprimirse a doble cara, para evitar el uso excesivo de papel.

A. Citas en contenido del documento

Fuente	Arial.
Número de fuente	11
Interlineado	1.15
Negritas	El operador jurídico utilizará negritas solo cuando sea estrictamente necesario para el entendimiento del texto.

B. Referencias

Fuente	Arial.
Número de fuente	12
Interlineado	1.5
Sangría	Francesa.
Negritas	El operador jurídico utilizará negritas solo cuando sea estrictamente necesario para el entendimiento del texto siguiendo las reglas de la ortografía.
Cursivas	El operador jurídico utilizará cursivas cuando las reglas ortográficas así lo determinen.

Índice de cuadros

Fuentes de consulta

Carrió, G. R. (1990). *Notas sobre derecho y lenguaje.* Buenos Aires: Abeledo-Perrot.

Cossío, J. R. (2006). Simplificación de la estructura de las sentencias de amparo. *Revista del Instituto de la Judicatura Federal.*

Garrido, A. M. (1999). *Libro de estilo para juristas: Normas básicas y reglas técnicas en la elaboración del trabajo académico.* Barcelona: Bosch.

Hernández, J. (2014). *Manual de redacción y estilo del Poder Judicial de Nuevo León.* Nuevo León: Poder Judicial del Estado de Nuevo León.

López M. y López M. A. (2007). *Estructura y estilo en las resoluciones judiciales.* México: SCJN.

Malem, J. F. (2006). El lenguaje de las sentencias. *Reforma Judicial. Revista Mexicana de Justicia.* 47-63.

Medina, D. (2019). *Manual de escritura jurídica.* Bogotá: Legis editores.

Ocaña H. (2009). *Redacción judicial. Cuaderno de trabajo 4.* México: Porrúa.

Pérez, C. (2007). *Manual de redacción jurisdiccional para la Primera Sala.* México: Suprema Corte de Justicia de la Nación.

Real Academia Española, (2010). *Ortografía de la lengua española.* España: Espasa.

Sánchez, J. (2007). *Saber escribir.* México: Aguilar.

Suprema Corte de Justicia de la Nación. (s.f.). *Criterios generales para la presentación de colaboraciones escritas*. Obtenido de Centro de Estudios Constitucionales. México: https://www.sitios.scjn.gob.mx/cec/sites/default/files/announcement/documents/202006/Criterios%20editoriales%20libros%20%281%29.pdf.

Torre F. y Monterroso J. E. (2006). *Redacción jurídica*. México: Esfinge.